essentials

Springer Essentials sind innovative Bücher, die das Wissen von Springer DE in kompaktester Form anhand kleiner, komprimierter Wissensbausteine zur Darstellung bringen. Damit sind sie besonders für die Nutzung auf modernen Tablet-PCs und eBook-Readern geeignet. In der Reihe erscheinen sowohl Originalarbeiten wie auch aktualisierte und hinsichtlich der Textmenge genauestens konzentrierte Bearbeitungen von Texten, die in maßgeblichen, allerdings auch wesentlich umfangreicheren Werken des Springer Verlags an anderer Stelle erscheinen. Die Leser bekommen „self-contained knowledge" in destillierter Form: Die Essenz dessen, worauf es als „State-of-the-Art" in der Praxis und/oder aktueller Fachdiskussion ankommt.

Kerstin Seeger

Erfolgreiche Strategiearbeit im Mittelstand

Erkenntnisse aus der Unternehmenspraxis

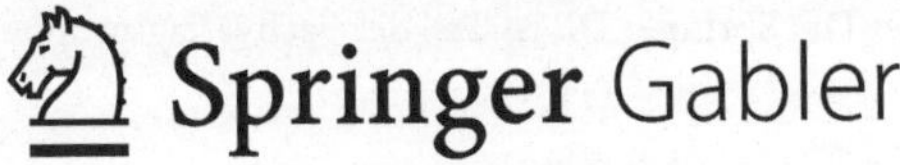

Prof. Dr. Kerstin Seeger
Europäische Fachhochschule
Brühl
Deutschland

ISSN 2197-6708
ISBN 978-3-658-05710-7
DOI 10.1007/978-3-658-05711-4

ISSN 2197-6716 (electronic)
ISBN 978-3-658-05711-4 (eBook)

Die Deutsche Nationalbibliothek verzeichnet diese Publikation in der Deutschen Nationalbibliografie; detaillierte bibliografische Daten sind im Internet über http://dnb.d-nb.de abrufbar.

Springer Gabler

Gedruckt auf säurefreiem und chlorfrei gebleichtem Papier

Springer Gabler ist eine Marke von Springer DE. Springer DE ist Teil der Fachverlagsgruppe Springer Science+Business Media
www.springer-gabler.de

Vorwort

Eine gute Strategie und deren konsequente Umsetzung sind Voraussetzung für den langfristigen Erfolg eines Unternehmens. Um die Strategie erfolgreich erarbeiten zu können, bedarf es eines geeigneten Strategieprozesses. In Großunternehmen sind die Strategieprozesse häufig sehr detailliert gestaltet. In kleinen und mittelständischen Unternehmen fehlen häufig die Ressourcen für eine konsequente Strategiearbeit.

Vor diesem Hintergrund haben wir mit der Studie „Strategie 2013" die Strategiearbeit im Mittelstand untersucht – mit dem Ergebnis: Eine gute Strategiearbeit lohnt sich aus Sicht der teilnehmenden Geschäftsführer, denn sie wirkt positiv auf das Ergebnis des Unternehmens.

Die Ergebnisse dieser Studie sind Inhalt des vorliegenden Werkes. Über den kompletten Strategieprozess hinweg wird der Stand der Strategiearbeit im Mittelstand dargestellt, Verbesserungspotenziale werden aufgezeigt und ein konkretes Vorgehen vorgestellt, wie mittelständische Unternehmen ihre Strategiearbeit erfolgreich ausgestalten können.

Das dargestellte Vorgehen zur Erarbeitung der Strategie basiert auf dem Aufsatz „Entwicklung wettbewerbsfähiger Strategien für Industriedienstleister" in dem Buch „Management von Industriedienstleistern", herausgegeben von Kerstin Seeger und Adrian Seeger (Springer Gabler, 2010). Dort wird das Vorgehen umfassend anhand eines Beispielunternehmens erläutert.

Ich wünsche Ihnen, dass das dargestellte Vorgehen auch für Sie erfolgreich ist!

Prof. Dr. Kerstin Seeger

Inhaltsverzeichnis

Abbildungsverzeichnis

Einleitung 1

Eine gute Strategie und Strategieumsetzung sind erfolgskritisch und steigern das Ergebnis des Unternehmens – so das Ergebnis der Studie „Strategie 2013" (vgl. Performance Consulting 2013). 115 mittelständische Unternehmen – vorwiegend deren Geschäftsführer – verschiedener Branchen haben an der Umfrage von Prof. Dr. Kerstin Seeger und der Performance Consulting GmbH teilgenommen. Das Resultat: Die Teilnehmer sehen einstimmig die positiven Wirkungen einer guten Strategiearbeit. Gleichzeitig besteht Verbesserungspotenzial bei den Strategieprozessen – insbesondere den strategischen Maßnahmen und den strategischen Kennzahlen sowie der Regelmäßigkeit der Strategiearbeit.

Der Fragebogen stand den Studienteilnehmern im Sommer 2013 online zur Verfügung. Die Studienteilnehmer kommen zu jeweils rund einem Drittel aus Dienstleistung und Industrie, zu zehn Prozent aus dem Handel, der Rest aus weiteren Branchen. Die Unternehmen kommen aus dem Mittelstand: Knapp die Hälfte der Unternehmen beschäftigt bis zu 100 Mitarbeiter; jeweils rund ein Viertel der Teilnehmer beschäftigt 100 bis 500 bzw. mehr als 500 Mitarbeiter. Nach Umsatzklassen aufgeteilt entfallen 60 % der Teilnehmer auf die Umsatzklasse kleiner als 50 Mio. €, gut ein Viertel auf die Umsatzklasse von 50 bis 500 Mio. € und 13 % auf die Umsatzklasse größer als 500 Mio. € (siehe Abb. 1.1: Teilnehmer der Studie).

Adressaten der Studie waren die Verantwortlichen für die Strategiearbeit in den Unternehmen: Dreiviertel der Studienteilnehmer sind Geschäftsführer, Vorstand oder Mitglied der Geschäftsleitung (siehe Abb. 1.2: Position der Befragungsteilnehmer).

K. Seeger, *Erfolgreiche Strategiearbeit im Mittelstand*, essentials,
DOI 10.1007/978-3-658-05711-4_1, © Springer Fachmedien Wiesbaden 2014

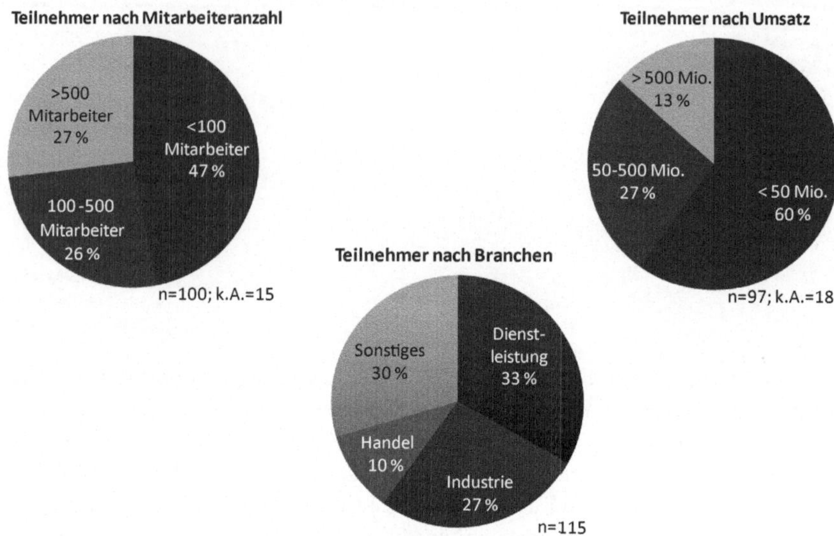

Abb. 1.1 Teilnehmer der Studie

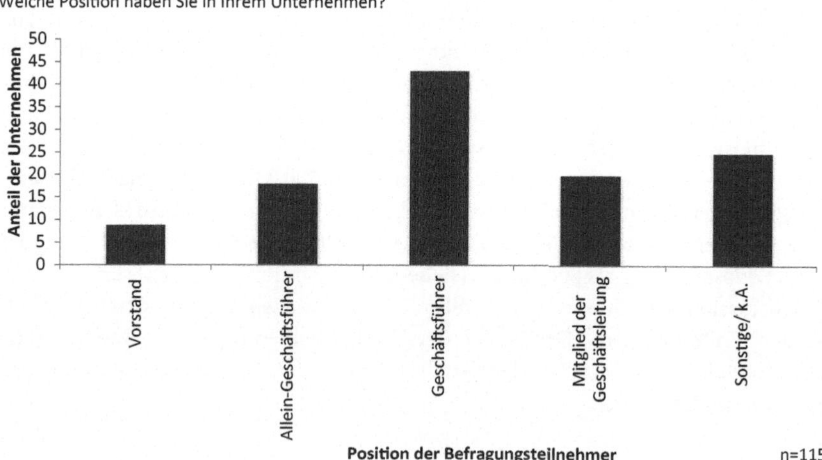

Abb. 1.2 Position der Befragungsteilnehmer

2 Strategie ist ein Erfolgsfaktor – gute Strategiearbeit steigert das Ergebnis

Die Strategie legt die grundsätzliche Ausrichtung eines Unternehmens fest und bestimmt die Gestaltung der Ressourcen und Kompetenzen sowie die dauerhafte Verhaltensweise der Organisation. Voraussetzung für den langfristigen Erfolg eines Unternehmens ist es, dass es gelingt, sich in der Wettbewerbsumwelt dauerhaft Vorteile zu verschaffen. Damit ist Strategiearbeit ein wesentlicher Erfolgsfaktor jedes Unternehmens.

Nahezu alle Unternehmen erachten eine gute Strategie als wichtig oder sehr wichtig für den Erfolg des Unternehmens; bei den Unternehmen mit mehr als 100 Mitarbeitern wird diese Aussage von den Teilnehmern einstimmig bestätigt. Dies zeigt auf, dass die Wahrnehmung der Bedeutung der Strategie in den Unternehmen verankert ist (siehe Abb. 2.1: Wichtigkeit der Strategie).

Dass eine gute Strategie nicht allein stehen kann, sondern vielmehr erst durch eine geeignete Strategieumsetzung ihre volle Wirksamkeit entfalten kann, belegt die folgende Aussage: Die Teilnehmer sind einstimmig der Meinung, dass die Strategieumsetzung wichtig oder sehr wichtig ist für den Erfolg des Unternehmens (siehe Abb. 2.2: Wichtigkeit der Strategieumsetzung).

Daraus wird deutlich, dass eine erfolgreiche Strategiearbeit immer aus mindestens zwei Elementen bestehen muss: einer strukturierten Strategieentwicklung und einer konsequenten Strategieumsetzung.

Damit hört die Strategiearbeit nicht nach der strategischen Analyse und der Erarbeitung der Strategie auf. Vielmehr beginnt im Anschluss daran die eigentlich Arbeit für das gesamte Unternehmen, indem die formulierten strategischen Maßnahmen umgesetzt werden. Denn ohne die konsequente Umsetzung der erarbeiteten Strategie scheint diese lediglich auf dem Papier erfolgreich. Ein Heben der Potenziale der neuen Strategie ist nur möglich, wenn die definierten Maßnahmen konsequent umgesetzt werden.

K. Seeger, *Erfolgreiche Strategiearbeit im Mittelstand,* essentials,
DOI 10.1007/978-3-658-05711-4_2, © Springer Fachmedien Wiesbaden 2014

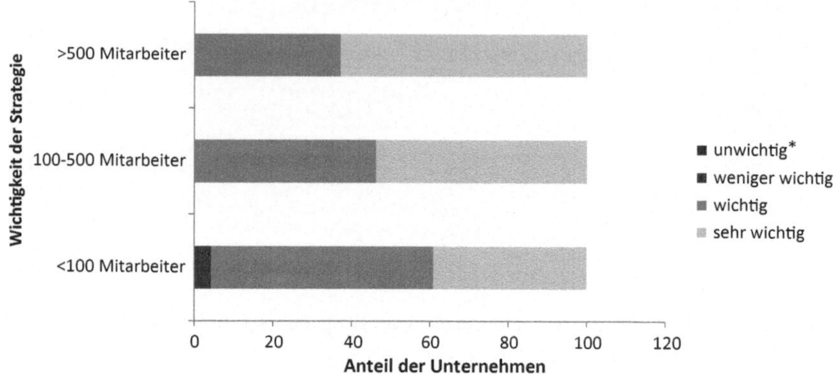

Abb. 2.1 Wichtigkeit der Strategie

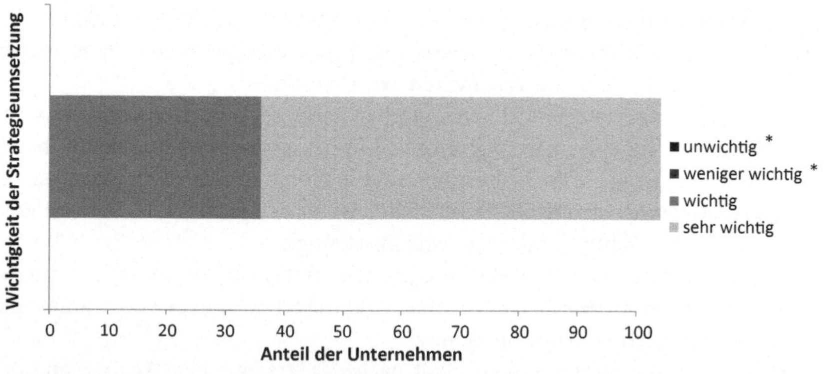

Abb. 2.2 Wichtigkeit der Strategieumsetzung

Dass sich dieser Aufwand in der Strategiearbeit lohnt, zeigt ein Blick in die Aussagen der Studienteilnehmer: Die Mehrheit ist der Meinung, dass sich das Ergebnis des Unternehmens verbessern würde, wenn sich die Strategie und die Strategiearbeit noch weiter verbessern würden. Also ein klares Argument für eine

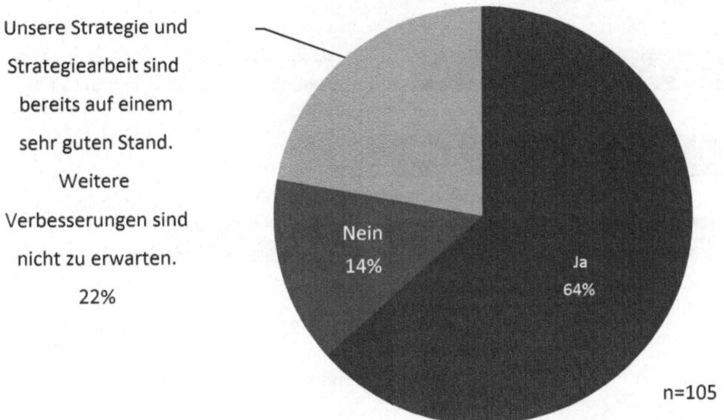

Abb. 2.3 Einfluss der Strategie und der Strategiearbeit auf das Ergebnis (1)

intensive und konsequente Beschäftigung mit der Strategiearbeit (siehe Abb. 2.3: Einfluss der Strategie und der Strategiearbeit auf das Ergebnis (1)).

Idealtypisch erfolgt die Erarbeitung der Strategie in einem strukturierten Prozess (vgl. Seeger 2014). Startpunkt ist die strategische Analyse, an die sich die Entwicklung alternativer Strategieoptionen anschließt. Durch Bewertung dieser Strategieoptionen wird die geeignete Alternative für das Unternehmen identifiziert. Die Strategie muss schließlich in Ziele, Messgrößen und Maßnahmen konkretisiert werden, um die Umsetzung im Unternehmen zu ermöglichen (vgl. Currle und Schwertner 2004, S. 31 ff.).

Die Ergebnisverbesserung lässt sich auch quantifizieren: Im Durchschnitt erwarten die Geschäftsführer eine Verbesserung des Ergebnisses um mehr als 20 %, wenn sie ihre Strategie und Strategiearbeit weiter verbessern. Kleine Unternehmen mit weniger als 100 Mitarbeitern erwarten gar Verbesserungen in Höhe von 25 %. Damit wird die Arbeit an der Strategie mit einem deutlich verbesserten Ergebnis belohnt (siehe Abb. 2.4: Einfluss der Strategie und der Strategiearbeit auf das Ergebnis (2)).

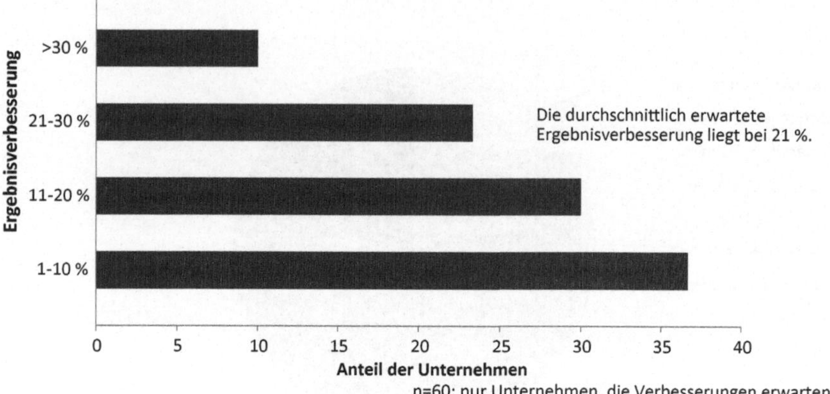

Abb. 2.4 Einfluss der Strategie und der Strategiearbeit auf das Ergebnis (2)

Der Zusammenhang: Ein strukturierter Strategieprozess mündet – von den richtigen Menschen durchgeführt – in einer erfolgversprechenden Strategie für das Unternehmen. Eine erfolgreiche Strategie wiederum hilft dem Unternehmen, seine Potenziale bestmöglich zu nutzen und so erfolgreich in seinem Wettbewerbsumfeld zu agieren.

3 Erkenntnisgewinn durch maßgeschneiderte Analyse

Der erste Schritt im Rahmen eines konsequenten Strategieprozesses ist die strategische Analyse. Hierbei werden sowohl das Umfeld des Unternehmens als auch das Unternehmen selber analysiert.

Die Umfeldanalyse wird weiter differenziert in die Analyse des engeren Umfeldes im Sinne der Wettbewerbsarena sowie in die Analyse des globalen Umfeldes des Unternehmens. Denn Grundvoraussetzung zur Entwicklung einer Strategie, mit der das Unternehmen im Wettbewerb bestehen kann, ist die Kenntnis des Wettbewerbs (vgl. Seeger und Müller 2010, S. 18). Die Wettbewerbsarena im engeren Sinne – auch als „strategisches Dreieck" (vgl. Ohmae 1982, S. 91 ff.) bezeichnet – umfasst die Kunden, die Wettbewerber und das Unternehmen selber. Die Wettbewerbsarena im weiteren Sinne beschreibt das globale Umfeld des Unternehmens. Dieses umfasst das politisch-rechtliche, das demografisch-ökonomische, das soziokulturelle und das technologisch-ökologische Umfeld des Unternehmens. Geeignete Analyseinstrumente sind Porters Analyse der Wettbewerbskräfte oder die PEST-Analyse (vgl. Porter 1980, S. 6 ff. oder weiterführend Bea und Haas 2005, S. 86 ff., vgl. auch das Beispiel bei Seeger und Seeger 2008, S. 45 ff.).

Im Rahmen der Unternehmensanalyse stehen die gegenwärtig vorhandenen und zukünftig erwarteten Stärken und Schwächen des Unternehmens im Fokus. (vgl. Seeger und Müller 2010, S. 21 ff.). Typische Analyseinstrumente sind SWOT-, Portfolio-, Markt-, Kunden-, Konkurrenten- oder Unternehmensanalysen (vgl. Bea und Haas 2005).

Die Studie zeigt: Beim Einsatz strategischer Analyseinstrumente bestehen große Unterschiede. Knapp 20 % der Unternehmen haben deutlichen Nachholbedarf, nutzen sie doch keins oder nur eins der Instrumente. Gut die Hälfte der Unternehmen nutzt zwei bis vier Analyseinstrumente, ein knappes Drittel mehr als fünf. Bei den kleinen Unternehmen kommen im Durchschnitt drei der Instrumente zum Einsatz, hier dominiert die Unternehmensanalyse, bei den größeren Unternehmen vier (siehe Abb. 3.1: Instrumente der strategischen Analyse).

K. Seeger, *Erfolgreiche Strategiearbeit im Mittelstand*, essentials,
DOI 10.1007/978-3-658-05711-4_3, © Springer Fachmedien Wiesbaden 2014

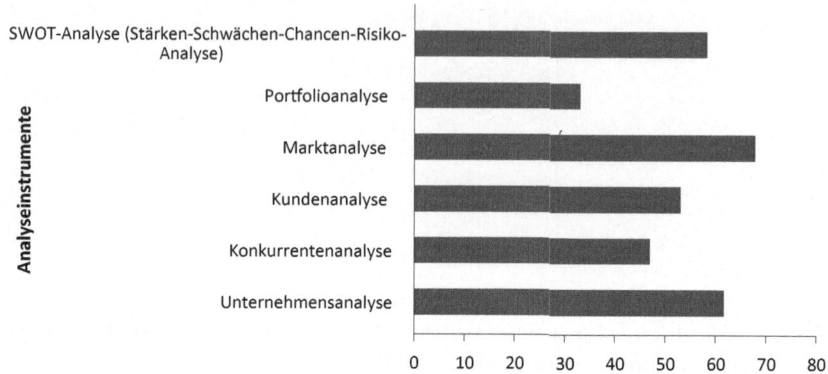

Abb. 3.1 Instrumente der strategischen Analyse

Die Erfahrung in den Unternehmen zeigt, dass insbesondere kleine und mittelständische Unternehmen häufig nicht die notwendigen Ressourcen haben, eine umfassende strategische Analyse durchzuführen. Vielfach wird lediglich eine unstrukturierte SWOT-Analyse durchgeführt, um einen groben Überblick über die Situation im Unternehmen und in seinem Umfeld zu bekommen. Dies untermauert die Notwendigkeit einer individuellen, auf die Unternehmensnotwendigkeiten maßgeschneiderten strategischen Analyse. Damit werden die vorhandenen Ressourcen für diejenigen Analysen genutzt, die für das Unternehmen am wichtigsten sind.

Ein geeignetes Instrument, eine maßgeschneiderte strategische Analyse auch für kleine und mittelständische Unternehmen durchzuführen, ist der Performance Check. Dieser basiert auf den etablierten unternehmensinternen und -externen Analyseinstrumenten. Der Performance Check ist ein fragenbasiertes Vorgehen, das die Erfolgspotenziale des Unternehmens analysiert. Dazu wird das Unternehmen mit seinem Umfeld in rund 30 individuell adjustierten Kategorien untersucht. Dieses Vorgehen ermöglicht eine schnelle Analyse der Ist-Situation und resultiert in einem Portfolio, das die Aussagen zur Ist-Situation entsprechend ihrer Bedeutung und Bewertung abbildet. Hierdurch wird ein guter Überblick über das Unternehmen und sein Umfeld gegeben. Der Performance Check ist damit eine geeignete Basis für die Formulierung der Strategie: Denn die Ergebnisse des Performance Check gehen im nächsten Schritt in die Formulierung der Ist-Situation des Unternehmens ein (vgl. Kap. 4).

Klare Ausrichtung durch vollständige Strategieformulierung

4

Eine vollständige Strategie besteht aus mehreren Elementen: Zunächst wird der Zweck des Unternehmens in der Mission formuliert. Die Mission beantwortet die Frage, welche Rolle das Unternehmen heute und zukünftig einnimmt. Die Mission hat langfristig Bestand. Sie ist zeitlich unbefristet und beschreibt die „Existenzberechtigung" des Unternehmens (vgl. Seeger 2014).

Im nächsten Schritt wird die Vision formuliert. Sie umfasst die auf die Zukunft gerichtete Leitidee des Unternehmens. Eine Vision soll sinnstiftend, motivierend und handlungsleitend für das Unternehmen und seine Mitarbeiter wirken (vgl. Müller-Stewens und Lechner, 2005, S. 235), indem sie den angestrebten - auch hochgegriffenen - Zustand des Unternehmens abbildet. Die formulierte Vision beinhaltet idealtypisch den zeitlichen Horizont, bis zu dem die Vision Realität geworden ist. Damit kann die Vision auch als „Traum mit Verfallsdatum" bezeichnet werden (vgl. Seeger 2010, S. 24 f).

Darüber hinaus werden Aussagen zu den angebotenen Leistungen des Unternehmens sowie den Zielkundengruppen getroffen. Schließlich sollte in der Vision formuliert sein, durch welche Merkmale sich das Unternehmen von den Wettbewerbern abgegrenzt.

Im nächsten Schritt werden strategische Ziele formuliert. Diese zeigen als „angestrebter, zukünftiger Zustand" auf, was das Unternehmen erreichen möchte.

Einen pragmatischer Ansatz für Mittelständler, ihre Strategie zu entwickeln, bietet die Strategiebrücke (vgl. Seeger 2014, S. 13 ff.). Ist die Vision ein „Traum mit Verfallsdatum", so besteht eine „Schlucht" zwischen dem heutigen Standpunkt des Unternehmens und der formulierten Vision. Diese „Schlucht" kann über eine Brücke überwunden werden - die Strategiebrücke.

Inhaltlich baut die Strategiebrücke auf dem oben vorgestellten Performance Check auf. Aus der Analyse der Erfolgspotenziale im Rahmen des Performance Check wird die Ist-Position des Unternehmens formuliert. Damit ist der erste

K. Seeger, *Erfolgreiche Strategiearbeit im Mittelstand*, essentials,
DOI 10.1007/978-3-658-05711-4_4, © Springer Fachmedien Wiesbaden 2014

Brückenpfeiler beschrieben. Die Zielposition – in diesem Bild der zweite Brückenpfeiler – wird durch die Konkretisierung der Vision beschrieben, in dem für jedes Erfolgspotenzial des Unternehmens die Zielposition festgelegt wird.

Zwischen der Ist- und der Zielposition besteht nun eine Lücke – die „Schlucht" zwischen den Brückenpfeilern. Um diese Lücke zu schließen, muss das Unternehmen spezifische Entwicklungsschritte durchlaufen. Es muss sich also konkrete Ziele und Maßnahmen setzen, um von der Ist- zur Zielposition zu gelangen. Durch die Formulierung von Maßnahmen wird die Frage beantwortet, was zu tun ist, um die Ziele des Unternehmens zu erreichen. Damit bilden die strategischen Ziele und Maßnahmen die Brücke zwischen der Ist- und der Zielposition des Unternehmens und stellen somit die spezifischen Entwicklungsschritte dar.

Für jedes Erfolgspotenzial wird im Rahmen des Strategieprozesses hinterfragt, wie groß die Lücke zwischen Ist- und Zielposition ist, die mit der Brücke überwunden werden muss. Daraus lässt sich ableiten, welcher Handlungsbedarf besteht. Abhängig von dem Ausmaß der Entwicklungslücke wird entschieden, ob und welche strategischen Ziele und Maßnahmen erforderlich sind, um diese Entwicklungslücke zu schließen.

Schließlich geben Kennzahlen als letztes Element der Strategie Auskunft darüber, inwieweit das Unternehmen seine Strategie realisiert hat.

Die Studie zeigt: Dominierendes Element in der Strategiearbeit sind strategische Ziele. Nahezu alle Unternehmen formulieren strategische Ziele. Verbesserungsbedarf besteht hingegen beim Einsatz strategischer Maßnahmen und strategischer Kennzahlen, insbesondere für kleine Unternehmen. Nur gut jedes zweite Unternehmen formuliert diese Elemente der Strategie (siehe Abb. 4.1: Elemente der Strategie).

Gerade für die erfolgreiche Umsetzung der Strategie sind strategische Maßnahmen und Kennzahlen jedoch unverzichtbar. Denn ohne konkrete Maßnahmen, die explizit darauf hinwirken, die strategischen Ziele zu erreichen, bleiben die Ziele nur reine Wunschvorstellungen. I. d. R. können die Ziele nur dann erreicht werden, wenn innerhalb des Unternehmens auch entsprechende Anstrengungen unternommen werden.

Vision und Mission werden noch seltener genutzt. Hier liegt insbesondere in kleinen Unternehmen noch erheblicher Ausbaubedarf. Dabei geben diese Elemente als Ausgangspunkt der Strategiearbeit die Richtung und den grundsätzlichen Rahmen vor, innerhalb dessen sich ein Unternehmen entwickeln möchte. Sie geben damit Orientierung sowohl im Rahmen des Strategieprozesses als auch im weiteren Verlauf bei der Strategieumsetzung.

Im Rahmen der weiteren Operationalisierung der Strategie ist ein nächster Schritt das Herunterbrechen der Strategie auf weitere Organisationsebenen im Un-

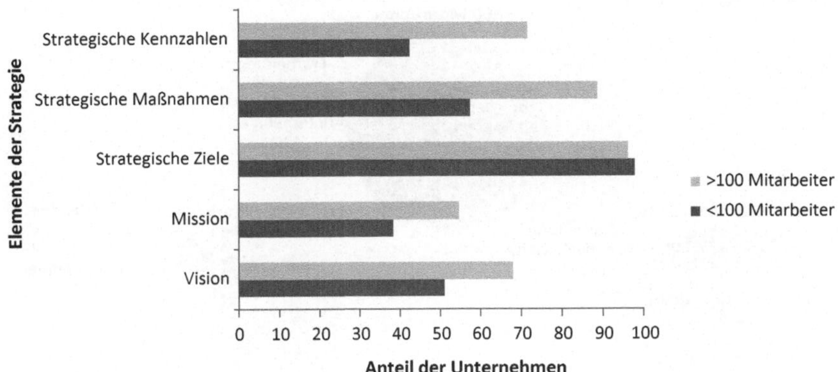

Abb. 4.1 Elemente der Strategie

ternehmen. Aufgrund der Größe und der organisatorischen Aufstellung brechen größere Unternehmen deutlich häufiger ihre Strategie auf weitere Unternehmen herunter als kleine Unternehmen. Sind es bei den Unternehmen mit mehr als 500 Mitarbeitern knapp 90 %, die die Strategie auf weitere Unternehmen herunterbrechen, sind es bei den Unternehmen mit 100 bis 500 Mitarbeitern noch gut 80 %, bei den Unternehmen mit weniger als 100 Mitarbeitern nur noch gut 50 % (siehe Abb. 4.2: Herunterbrechen der Strategie). Dieses Vorgehen bildet die Strukturierung der Unternehmen ab, die entscheidend ist bei der Beantwortung der Frage, ob ein Herunterbrechen der Strategie im konkreten Fall zweckmäßig oder gar notwendig ist.

Dominierende Organisationseinheit beim weiteren Herunterbrechen der Strategie sind die Geschäftsfelder, gefolgt von den Bereichen. Nur ein kleiner Anteil der Unternehmen bricht die Strategie auf Abteilungen oder gar Teams herunter.

Die Mehrheit der Unternehmen mit weniger als 100 Mitarbeitern bricht die Strategie maximal auf eine Ebene runter, bei den Unternehmen mit mehr als 100 Mitarbeitern sind es noch über 40 % (siehe Abb. 4.3: Herunterbrechen der Strategie (Ebenen)).

Abb. 4.2 Herunterbrechen der Strategie

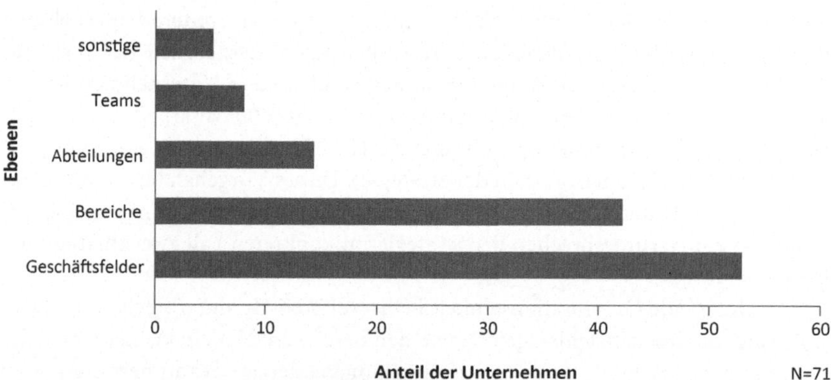

Abb. 4.3 Herunterbrechen der Strategie (Ebenen)

5 Klarheit und Verbindlichkeit durch Strategiecontrolling

Die Formulierung der Strategie ist nur der erste Schritt einer erfolgreichen Strategiearbeit. Das Unternehmen wird die Potenziale der erarbeiteten Strategie nur dann nutzen können, wenn diese auch konsequent umgesetzt wird. Dies wird durch ein konsequentes Strategiecontrolling unterstützt.

Das Strategiecontrolling ist in vielen Unternehmen verankert: 75 % der Unternehmen führen ein Controlling der Kennzahlen und/oder Maßnahmen durch, davon gut ein Viertel monatlich und ein weiteres gutes Drittel quartalsweise. Ein kombiniertes Kennzahlen- und Maßnahmencontrolling existiert jedoch nur bei knapp jedem zweiten kleinen Unternehmen. Bei den mittleren und großen Unternehmen sind es gut zwei Drittel. Die Kehrseite: in rund einem Viertel der Unternehmen existiert kein Strategiecontrolling oder nur als unstrukturierte Überwachung (siehe Abb. 5.1: Elemente des Strategiecontrolling).

Ein erster Schritt zum Aufbau eines Strategiecontrolling – mit überschaubarem Aufwand – besteht gerade für mittelständische Unternehmen in der Etablierung eines konsequenten Maßnahmencontrolling. Hierzu werden zu den erarbeiteten Maßnahmen Projektpläne erarbeitet, die die Basis für das Maßnahmencontrolling bilden. Dabei können verschiedene Wege beschritten werden: Das Maßnahmencontrolling kann als Bericht vorgelegt werden, oder auch zum Thema im Rahmen von Management-Meetings werden, in dem durch die Maßnahmenverantwortlichen ein Überblick über den aktuellen Status der einzelnen Maßnahmen gegeben wird. Dadurch wird neben dem eigentlichen Zweck des Controlling, einen Überblick über den Realisierungsstatus der Strategie zu bekommen, zusätzlich weiterer Nutzen gestiftet: So bleiben die Verantwortlichen im Gespräch über die Strategie, was sich zusätzlich positiv auf die Motivation auswirken kann. Damit wird die konsequente Arbeit an der Strategieumsetzung weiter unterstützt.

Die überwiegende Mehrheit der Unternehmen, die über ein strukturiertes Strategiecontrolling verfügen, erstellt Berichte, um dem Management einen Überblick

K. Seeger, *Erfolgreiche Strategiearbeit im Mittelstand*, essentials,
DOI 10.1007/978-3-658-05711-4_5, © Springer Fachmedien Wiesbaden 2014

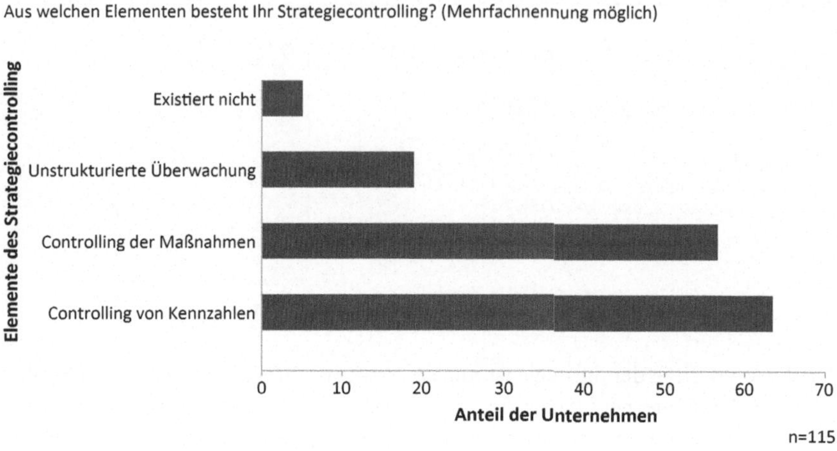

Aus welchen Elementen besteht Ihr Strategiecontrolling? (Mehrfachnennung möglich)

Elemente des Strategiecontrolling
Existiert nicht
Unstrukturierte Überwachung
Controlling der Maßnahmen
Controlling von Kennzahlen
0 10 20 30 40 50 60 70
Anteil der Unternehmen
n=115

Abb. 5.1 Elemente des Strategiecontrolling

über den Stand der Strategiearbeit zu geben. Dabei variiert die Frequenz von der jährlichen bis zur monatlichen Berichtserstellung. Ein gutes Viertel der befragten Unternehmen erstellt monatliche Berichte zum Strategiecontrolling, ein gutes Drittel quartalsweise. Immerhin noch einmal jährlich legen knapp 20 % der Unternehmen ihr Strategiecontrolling als Bericht vor. Weitere knapp 20 % der Unternehmen erstellen keine Berichte zum Strategiecontrolling (siehe Abb. 5.2: Häufigkeit des Strategiecontrolling).

Als Erfolgsfaktor für ein Berichtswesen wird eine überschaubare Anzahl an Kennzahlen angesehen. Hierdurch hat das Management die Möglichkeit, sich in kurzer Zeit einen auf die wesentlichen Faktoren konzentrierten Überblick zu verschaffen. Dies spiegeln auch die Ergebnisse der Studie wieder: Dominierende Größenklasse ist in allen Unternehmensgrößen die Kategorie mit bis zu 10 Kennzahlen. In Unternehmen mit weniger als 100 Mitarbeitern werden im Schnitt 8 Kennzahlen genutzt, in Unternehmen mit 100 bis 500 Mitarbeitern 14 Kennzahlen und in Unternehmen mit mehr als 500 Mitarbeitern 19 Kennzahlen (siehe Abb. 5.3: Anzahl der Kennzahlen).

Die Erarbeitung der strategischen Ziele legt die Richtung fest, in die sich ein Unternehmen entwickeln soll. Erst die Erarbeitung strategischer Maßnahmen ermöglicht es dem Unternehmen jedoch, die Strategie umzusetzen. Hierdurch wird für die Mitarbeiter deutlich, was ihr Beitrag zur Realisierung der Strategie ist. Damit ist eine Voraussetzung geschaffen, die Aktivitäten des gesamten Unternehmens an der Strategie auszurichten.

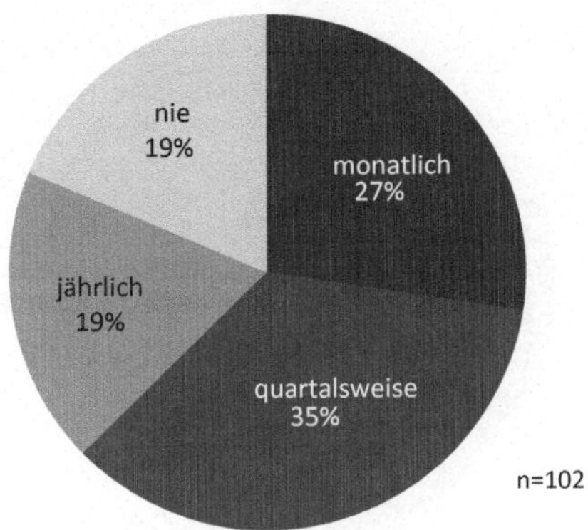

Abb. 5.2 Häufigkeit des Strategiecontrolling

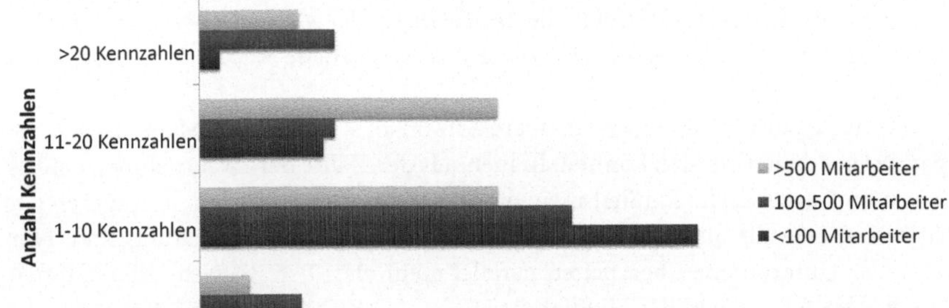

Abb. 5.3 Anzahl der Kennzahlen

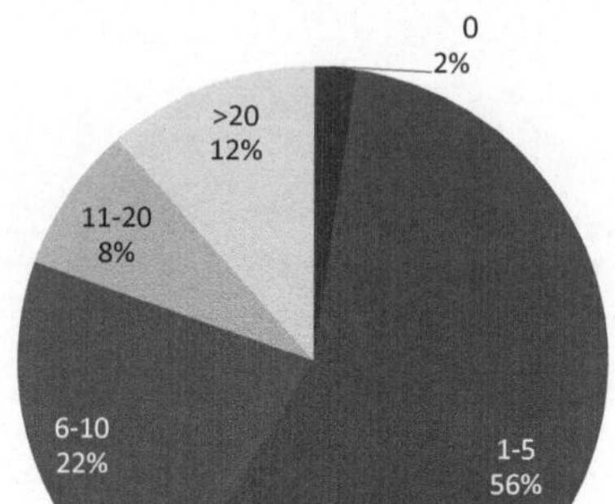

Abb. 5.4 Anzahl der Maßnahmen

Die Menge der strategischen Maßnahmen, die erforderlich sind, hängt in erster Linie von den Ausprägungen der Ziele, deren Abstand zur Ist-Situation und damit dem Handlungsbedarf ab. In zweiter Linie wird die Menge und insbesondere zeitliche Planung der Maßnahmen jedoch durch die verfügbare Kapazität im Unternehmen determiniert.

Denn im Mittelstand erfolgt die Bearbeitung der strategischen Maßnahmen i. d. R. neben dem Tagesgeschäft, ohne dass zusätzliche Kapazitäten geschaffen werden.

Daraus resultiert eine überschaubare Anzahl an strategischen Maßnahmen, die parallel bearbeitet werden können: In mehr als der Hälfte der Unternehmen sind es bis zu fünf strategische Maßnahmen, die aktuell bearbeitet werden. In weiteren gut 20 % sind es sechs bis zehn Maßnahmen, die zeitgleich in Bearbeitung sind. Nur 20 % der Unternehmen bearbeiten parallel mehr als 10 strategische Maßnahmen (siehe Abb. 5.4: Anzahl der Maßnahmen).

Dabei steigt mit zunehmender Größe der Unternehmen auch die Anzahl der strategischen Maßnahmen. So sind es in der Größenklasse mit mehr als 500 Mitarbeitern noch rund 40 % der Unternehmen, die mehr als 20 strategische Maßnahmen

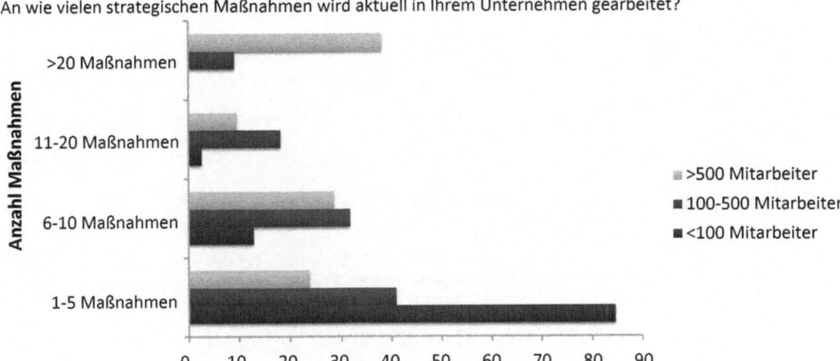

Abb. 5.5 Anzahl der Maßnahmen (nach Unternehmensgröße)

bearbeiten, während bei den kleinen Unternehmen rund 85 % an bis zu 5 strategischen Maßnahmen arbeiten (siehe Abb. 5.5: Anzahl der Maßnahmen (nach Unternehmensgröße)).

Erfolg durch konsequenten Strategieprozess

6

Die einmalige Durchführung des Strategieprozesses reicht für den dauerhaften Erfolg des Unternehmens nicht aus. Je dynamischer das Umfeld, in dem das Unternehmen agiert, je flexibler muss das Unternehmen auf Veränderungen reagieren – entsprechend muss auch die Strategie regelmäßig auf den Prüfstand. Jedoch zeigt die Studie, dass nur knapp 40 % der Unternehmen die Strategie einmal jährlich überarbeiten, bei den kleinen Unternehmen deutlich weniger (siehe Abb. 6.1: Häufigkeit der Überarbeitung der Strategie). Für die Mehrheit der Unternehmen besteht hier Verbesserungspotenzial.

Die regelmäßige jährliche Überarbeitung der Strategie sollte sowohl die Überprüfung von Veränderungen im Unternehmen sowie in seinem Umfeld umfassen, die Gegenstand der Analyse waren, als auch die Überprüfung der Gültigkeit der formulierten Strategie. Damit geht nicht notwendigerweise eine grundsätzliche Änderung der Strategie einher. Vielmehr steht die Anpassung der Strategie an die Entwicklung des Unternehmens und seines Umfeldes im Fokus. Insbesondere die Maßnahmen sollten regelmäßig genauer beleuchtet werden. Hier ist ein Überblick über den Bearbeitungsstand der Maßnahmen erforderlich, um ggf. notwendige neue Maßnahmen definieren zu können.

Erfolgt dies regelmäßig einmal pro Jahr, so ist der Aufwand deutlich geringer, als bei der Ersterarbeitung der Strategie oder ihrer Überarbeitung in langen Zeitabständen. Auch vor diesem Hintergrund bietet es sich an, die Strategie jährlich auf den Prüfstand zu stellen.

Zudem ist damit sichergestellt, dass das Unternehmen bzgl. seiner Strategie immer auf dem aktuellen Stand ist.

Dabei ist Strategie nicht nur Chefsache: In jedem zweiten Unternehmen wird die zweite Führungsebene in die Erarbeitung der Strategie einbezogen. Dabei beziehen Unternehmen mit mehr als 100 Mitarbeitern die zweite Ebene deutlich häufiger in die Erarbeitung der Strategie ein. Die dritte Führungsebene oder weitere Mitarbeiter

K. Seeger, *Erfolgreiche Strategiearbeit im Mittelstand*, essentials,
DOI 10.1007/978-3-658-05711-4_6, © Springer Fachmedien Wiesbaden 2014

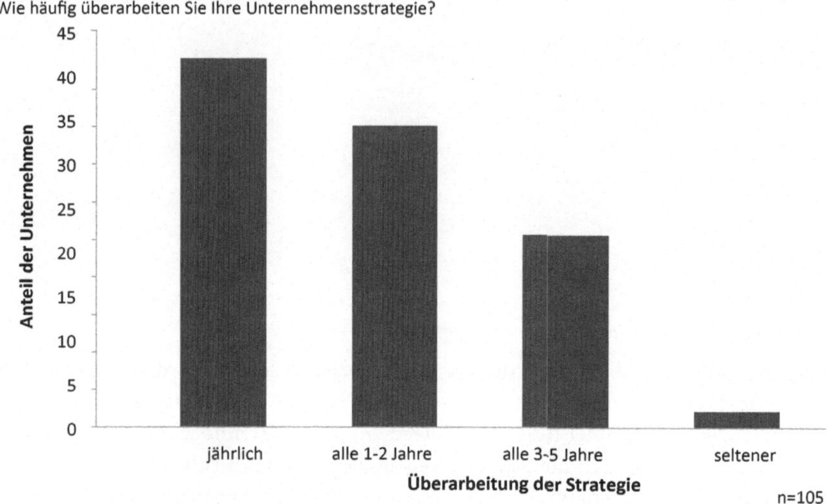

Abb. 6.1 Häufigkeit der Überarbeitung der Strategie

sind nur in wenigen Unternehmen an der Erarbeitung der Strategie beteiligt (siehe Abb. 6.2: Beteiligte im Strategieprozess).

Die Einbeziehung der Führungskräfte unterhalb der Geschäftsführung hat mehrere Vorteile: Zunächst werden das Wissen und die Erfahrung der Führungskräfte im Rahmen des Strategieprozesses genutzt - sei es in der Analysephase, sei es im Rahmen der Entwicklung der Strategie. Zudem wird durch die Einbeziehung der Führungskräfte i. d. R. Commitment für die erarbeitete Strategie und deren Umsetzung erreicht. Dies ist insbesondere vor dem Hintergrund der Verantwortung eben dieser Führungskräfte für die Maßnahmenumsetzung bedeutsam. Denn die konsequente Erarbeitung einer guten Strategie ist nur der erste Schritt einer erfolgreichen Strategiearbeit - erst die konsequente Umsetzung der Strategie führt dazu, dass das Unternehmen die Erfolgspotenziale der Strategie heben kann.

Jedoch zeigt sich: Strategie ist oft Geheimsache. Deutlicher Nachholbedarf besteht bei der Kommunikation der Strategie. In 30 % der Unternehmen wird die Strategie nicht an die Mitarbeiter kommuniziert (siehe Abb. 6.3: Kommunikation der Strategie). Dadurch bleiben Potenziale der Strategieumsetzung ungenutzt. Denn nur, wenn die Mitarbeiter die Strategie des Unternehmens kennen, können Sie aktiv dazu beitragen, diese Strategie zu realisieren.

Als Argumente gegen die Kommunikation der Strategie werden in vielen Unternehmen die Brisanz der Informationen sowie die Notwendigkeit, diese geheim zu halten, genannt. Eine Kommunikation der Strategie an die Mitarbeiter muss jedoch

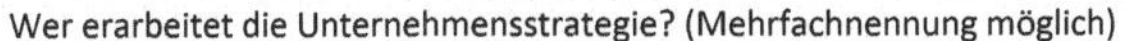

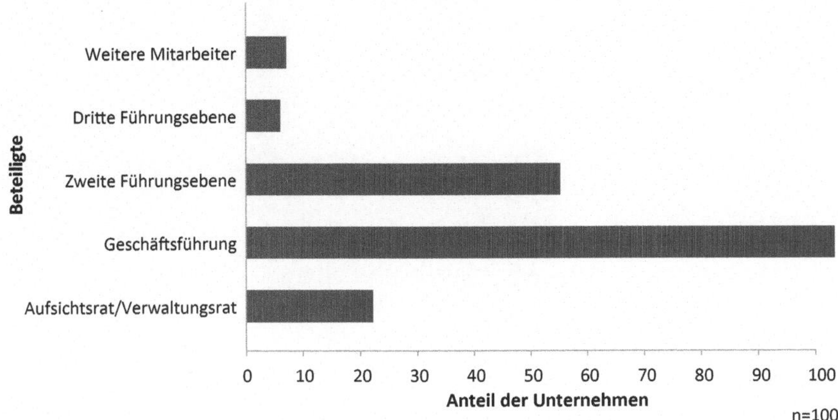

Abb. 6.2 Beteiligte im Strategieprozess

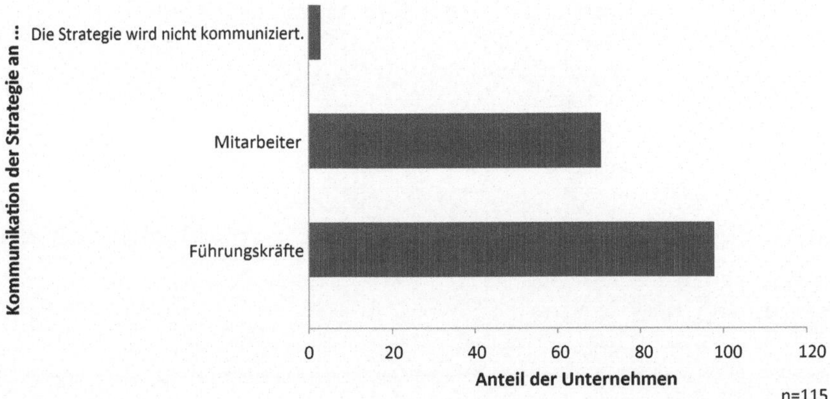

Abb. 6.3 Kommunikation der Strategie

nicht notwendigerweise eine Kommunikation aller wettbewerbsrelevanten Details umfassen. Hier kommt es darauf an, die unternehmens-öffentlich zu machenden Informationen genau abzugrenzen, um den Mitarbeitern die Informationen zu geben, die sie brauchen, die Strategieumsetzung bestmöglich zu unterstützen.

7 Potenziale guter Strategiearbeit nutzen

Die Ergebnisse der Studie zeigen: Zahlreiche mittelständische Unternehmen sind in Bezug auf ihre Strategiearbeit gut aufgestellt. Jedoch lassen auch viele Unternehmen die Potenziale guter Strategiearbeit ungenutzt.

Insbesondere die folgenden Schwachpunkte sind im Rahmen der Studie deutlich geworden:

1. Durchgängige strategische Analysen werden nicht in allen Unternehmen durchgeführt. Damit fehlt eine solide Basis für die Erarbeitung der Strategie.
2. Viele Unternehmen erarbeiten die Strategie nur in wenigen Elementen und lassen insbesondere die Maßnahmen und Kennzahlen außen vor. Damit fehlt die Voraussetzung für die erfolgreiche Umsetzung der Strategie.
3. Auch die Frequenz der Überarbeitung der Strategie – und damit der strategischen Ziele, Maßnahmen und Kennzahlen – ist häufig zu schwach ausgeprägt. Damit bleiben Änderungen im Unternehmen und in seinem Umfeld für die Strategie unberücksichtigt.
4. Ein konsequentes Strategiecontrolling ist noch nicht flächendeckend vorhanden. Damit fehlt den Unternehmen ein Steuerungsinstrument für die Strategieumsetzung.

Durch das Beheben dieser Schwachpunkte können die Mittelständler noch erfolgreicher werden. Denn: Eine gute Strategie und eine gute Strategiearbeit machen das Unternehmen erfolgreicher!

K. Seeger, *Erfolgreiche Strategiearbeit im Mittelstand,* essentials,
DOI 10.1007/978-3-658-05711-4_7, © Springer Fachmedien Wiesbaden 2014

Literatur

Bea FX, Haas J. Strategisches Management. 4. Aufl. Stuttgart: UTB; 2005.

Currle M, Schwertner K. Ausrichtung der Prozesse an der Unternehmensstrategie. In: Horváth & Partners, Herausgeber. Prozessmanagement umsetzen. Stuttgart: Schäffer-Poeschel; 2005. S. 29–46.

Horváth & Partners, Herausgeber. Prozessmanagement umsetzen. Stuttgart: Schäffer-Poeschel; 2005.

Müller-Stewens G, Lechner C. Strategisches Management. 4. Aufl. Stuttgart: Schäffer-Poeschel; 2011.

Ohmae K. The Mind of the Strategist. Hardmansworth: Penguin; 1982.

Performance Consuting, Herausgeber. Studie „Strategie 2013“. Erkelenz; 2013.

Porter ME. Competitive strategy: techniques for analyzing industries and competitors: with a new introduction. New York: Free Press; 1980.

Seeger K. Erfolgreiche Strategiearbeit für Industriedienstleister. Wiesbaden: Springer Gabler; 2014.

Seeger K, Liman B, Herausgeber. Zielorientierte Unternehmensführung. Wiesbaden: Gabler; 2008.

Seeger K, Müller N. Entwicklung wettbewerbsfähiger Strategien für Industriedienstleister. In: Seeger K, Seeger A, Herausgeber. Erfolgreiche Strategiearbeit für Industriedienstleister. Wiesbaden: Gabler; 2010. S. 15–31

Seeger K, Seeger A. Zielorientierte Strategieentwicklung für einen Logistikdienstleister. In: Seeger K, Liman B, Herausgeber. Zielorientierte Unternehmensführung. Wiesbaden: Gabler; 2008. S. 39–68.

Seeger K, Seeger A, Herausgeber. Erfolgreiche Strategiearbeit für Industriedienstleister. Wiesbaden: Gabler; 2010.

K. Seeger, *Erfolgreiche Strategiearbeit im Mittelstand,* essentials,
DOI 10.1007/978-3-658-05711-4, © Springer Fachmedien Wiesbaden 2014